PROCÈS-VERBAL

DESCRIPTIF

DE LA FÊTE

DES VICTOIRES

ET

DE LA RECONNOISSANCE,

CÉLÉBRÉE DANS LA COMMUNE

DE BRUXELLES,

CHEF-LIEU DU DÉPARTEMENT DE

LA DYLE,

Le Décadi 10 *Prairial, an IV.me de la République Françoise, en conformité de l'Arrêté du Directoire Exécutif, du* 20 *Floréal dernier.*

Ledit PROCÈS-VERBAL *dressé, en vertu de la* RÉSOLUTION DE L'ADMINISTRATION MUNICIPALE.

Par le Citoyen J. CHATEIGNER, Secrétaire.

* — — ◄◈►◄◈►◄◈► — — *

A BRUXELLES,

De l'Imprimerie de G. HUYGHE, Marché aux Fromages.

PROCÈS-VERBAL DESCRIPTIF

DE LA FÊTE

DES VICTOIRES

ET

DE LA RECONNOISSANCE,

*Célébrée dans la Commune de Bruxelles, Chef-lieu
du Département de la Dyle, le décadi 10 Prairial,
an 4 de la République française, en conformité de
l'Arrêté du Directoire exécutif, du 20 Floréal dernier.*

QU'ELLES sont grandes, qu'elles sont saintes, les fêtes
que célèbrent les hommes libres !

Elles sont grandes par leur objet : elles sont saintes
par leur moralité.

Celle dédiée aux *Victoires* de la République française
et à la *Reconnoissance* Nationale due à ceux qui les
ont opérées, ne pouvoit manquer d'avoir ce caractère.

Les dispositions générales de cette double fête avoient
été posées par l'Arrêté du Directoire exécutif du 20 Floréal : celles particulières à cette Commune l'ont été
dans un programme, adopté par l'Administration municipale, dans sa Séance du 5 de ce mois Prairial :
dans celle du 6, elle a adopté la proclamation suivante
à ses concitoyens.

FÊTE NATIONALE.

PROCLAMATION.

*L'Administration municipale de la Commune et Canton
de Bruxelles, chef-lieu du Département de la Dyle,
à ses Concitoyens.*

PEUPLE DE BRUXELLES,

UNE double fête Nationale Républicaine sera célébrée décadi prochain, 10 Prairial : celle de la *Reconnoissance et des Victoires.*

De la *Reconnoissance*, cette vertu sublime, appa-
nage des belles ames et des hommes libres ; toujours
méconnue du despotisme, qui, trafiquant de la justice
et de ses faveurs, ne pouvoit jamais en obtenir de
prix plus pur que ses dons, et non le sentiment déli-
cieux de la reconnoissance.

De la Reconnoissance Nationale, qui est le plus beau
prix des *Victoires;* le plus digne du cœur de ceux qui les
ont remportées. La paix sera le fruit des Victoires ;
la liberté et le bonheur seront les effets de celles-là.

Citoyens! quels plus grands, quels plus beaux titres
à la Reconnoissance! un jour tous les peuples la par-
tageront et célébreront la fête de la Reconnoissance
des Victoires des Républicains Français.

Des *Victoires*, qui se comptent presque par chaque
tour de soleil ; qui se répètent par douze armées triom-
phantes, de l'Orient à l'Occident, du Nord au Midi.
Des Victoires, qui ont donné la liberté à vingt peuples
esclaves; qui ont rendu Français le Belge, le Liégeois, etc.
qui ont rendu le Batave vraiment libre et Républicain.
Des Victoires, qui ont posé le Rhin pour limites aux
aigles autrichiennes; qui ont fait, signer, le premier,
la paix au prince du Nord qui en faisoit la terreur.
Des Victoires, qui viennent d'effacer celles de *César,*
en Italie ; qui commandent la paix à tous ses potentats
et obtiennent la reconnoissance et l'union de leurs
peuples. Des Victoires, que la paix seule a arrêté aux
portes de Madrid, et qui a posé pour ses limites
l'étendart tricolor sur la cîme des Alpes.

Des Victoires enfin, qui ont noyé dans les eaux de
la Méditerrannée, de la Manche, et du nouveau-monde,

l'orgueil Anglais qui pesoit sur elles ; qui ont enchaîné son léopard à Quiberon , et déconcerté par-tout sa politique machiavélique.

Citoyens! nous le répétons , la paix , et la paix prochaine sera le fruit des Victoires ; que la Reconnoissance commence aujourd'hui à en acquitter le prix.

Quelle fête est en effet plus digne de notre allégresse et de nos transports !

Nous vous invitons donc à la célébrer , par tous les moyens que les motifs qui en sont l'objet , sont capables d'inspirer.

Ceux que l'Administration municipale tient de vous sont sacrés : elle en usera avec l'économie que lui commandent , et vos intérêts et les circonstances pénibles.

Que le jour de la fête des Victoires , le signe qui l'annonce , le drapeau tricolor national décore vos maisons : nous regrettons d'être obligés de vous répéter cette invitation.

La réunion de toutes les Autorités constituées et des Fonctionnaires publics , tant civils que militaires , en costume , se fera le jour de la fête , à dix heures précises du matin , dans les salles ordinaires de la Maison Commune , pour se rendre en cortège à la place de la Liberté , où s'exécuteront les dispositions de l'arrêté du Directoire exécutif , du 20 Floréal , relatif à cette fête.

On entrera ensuite dans le Temple pour entendre la lecture des Loix et les discours qui y seront prononcés.

Un char décoré d'une manière analogue à l'objet de la fête , et propre à caractériser les Victoires de l'armée d'Italie , et la Reconnoissance Nationale accompagnera le cortège.

L'après-midi il sera donné des rafraîchissemens à la garnison , et des danses et divertissemens sur la place de la Maison Commune , dite *place du Peuple* , où seront placés des orchestres à cet effet.

Les Citoyens sont invités , en prennant part à ces divertissemens , à le faire avec la décence qu'exige l'ordre public et une Fête Nationale.

Fait en séance , à Bruxelles , le 6 Prairial , an 4me. de la république française.

Les Membres composant l'Administration municipale du canton de Bruxelles, *J. Fourmaux*, président ; *P.-Joseph Olbrechts* , *J. Hermans* , *J.-J. Cuvelier* , *J.-J. de Coelho* , *A.-J. De la Fontaine* , *J.-J. Delfosse* , Administrateurs ; *N. Rouppe* , Commissaire du Pouvoir exécutif ; *J. Chateigner* , secrétaire.

Cette Proclamation a été affichée le lendemain 7,
sur toutes les places et dans les endroits les plus ap-
parens de cette vaste Commune ; et un exemplaire
envoyé à tous les corps constitués.

En conformité du programme le Général-Comman-
dant dans les neuf départemens réunis, a été invité de
donner les ordres nécessaires, et de concourir, par
tous les moyens qui sont à sa disposition, à la pompe
de cette Fête Militaire.

Les Commissaires étoient chargés de se concerter à
cet effet avec lui et avec le Commandant de la place,
auquel pareille invitation a été faite, ainsi qu'aux
Chefs de l'Etat-Major.

Le Commissaire du Gouvernement Français dans
les neufs Départemens réunis, le Citoyen *Boutteville ;*
toutes les Autorités constituées, Civiles et Militaires
qui siégent dans cette Commune, qui réunit toutes
celles établies par la Constitution ; et tous les Fonctionnaires publics ont également été invités à y assister
en costume.

Les Curés et Chefs des Eglises et Couvens, ont été
requis de l'annoncer, par le son de leur principale
cloche et carillons, dès la veille à huit heures du soir,
et le jour aux quatre époques de huit heures du matin,
midi, cinq et huit heures du soir, pendant l'espace
d'une demie heure au moins, ainsi que d'arborer le
Drapeau national tricolor à leurs tours et clochers.

Pour la première fois ces choses ont payé un tribut
à la *Reconnoissance :* mais trop souvent à la Victoire,
depuis deux ans, pour ceux qui vivent de leur son.

Les longues privations du Soldat Républicain, non-
seulement de jouissances douces, mais même, trop
souvent, du nécessaire, méritoient bien, que le jour consacré à la *Reconnoissance* de ses Victoires, il goûtat
quelques-unes de ces jouissances, qui ne font que dé-
velopper son caractère respectable, par la sobriété avec
laquelle il en use.

En conséquence l'Administration municipale a fait
distribuer à la brave Garnison de Bruxelles et aux Hô-
pitaux, 4000 livres pesant de viande fraîche, et 30 tonnes
de bierre, pour contribuer au divertissement dont
elle a voulu, ainsi que l'Administration de Départe-

ment, que le Soldat jouisse dans cette belle journée de sa fête.

Il a été aussi distribué un pot de bierre à chacun des Enfans des six Ecoles des Orphelins de cette Commune.

Le canon de la Victoire a annoncé, par cent coups, et le lever du Soleil, et la Fête de la Victoire, et celle de la Reconnoissance nationale envers les Enfans de la Victoire.

Le son des cloches l'a succédé à l'heure indiquée, et les banderoles tricolores ont successivement décoré les maisons.

La réunion de toutes les Autorités constituées ; de tous les Fonctionnaires publics ; des Soldats de cette garnison, blessés au champ de la victoire ; des Parens de ceux de cette Commune, morts ou blessés en combattant, ou qui se sont distingués par des actions de valeur ; en un mot, des Artistes dramatiques, et de tous ceux invités à décorer le char, et à augmenter le cortège, ou qui s'y sont rendus volontairement : la réunion, dis-je, s'étant faite, à l'heure indiquée, de dix heures, dans les salles de la Maison Commune, la pluie, qui n'avoit cessé depuis huit heures du matin, a suspendu la marche jusqu'à près de midi, qu'elle a cessé de tomber pour tout le jour, et la plus touchante des cérémonies a pû avoir lieu en plein air.

Alors le cortège a pris sa marche pour se rendre à la place de la Liberté, par celle du Peuple où il s'est mis en ordre et déployé ; et par les rues de la Coline, de la Magdaleine et la montagne des Victoires.

La marche étoit ouverte par un détachement de Dragons auquel succédoit un de Grenadiers. Puis la Musique militaire grossie par celle des Artistes dramatiques qui, eux-mêmes, marchoient en corps à la suite.

Un second détachement de Grenadiers ouvroit la marche des Autorités constituées, à la tête desquelles étoit le Commissaire du Gouvernement dans ces Départemens, le Citoyen *Boutteville*, qu'accompagnoient le Président et les Membres de l'Administration de Département.

Suivoit le Président et les Membres de l'Administration municipale de cette Commune.

Le Général, commandant les neuf Départemens ; les Généraux et Officiers composant l'Etat-major et

tout l'Etat militaire suivoient immédiatement, et précédoient les Membres des autres Autorités constituées
et Fonctionnaires publics, Civils et Militaires, mar-
chant quatre à quatre au milieu d'une haye de soldats.

Venoit ensuite quatre-vingt-dix Soldats de tous
grades, de la 48me. demi-brigade de l'Armée du
Nord, couverts de blessures glorieuses, portant chacun un bouclier sur lequel étoit inscrit le nom des
enfans de la victoire des Armées françaises.

Ceux-ci étoient suivis, et précédant le char, des
soldats de la garde Nationale-Municipale, tenant un sem-
blable bouclier, portant chacun les noms de leurs Concitoyens, morts ou blessés au champ de la victoire
républicaine, ou qui se sont distingués par des actions
de valeur.

Douze jeunes gens et enfans artistement habillés ; et
montés sur des chevaux décorés de rubans tricolors,
précédoient immédiatement le char, tenant aussi des
boucliers portant les noms des héros de la Victoire ;
et des batailles célèbres d'Italie ;

Douze Dragons du 16me. régiment montés sur leurs
chevaux formoient une double haye autour du char :
ils représentoient les 12 armées de la République dont
ils portoient les noms sur des boucliers.

Le char étoit trainé par 6 chevaux, ombragés des
couleurs tricolors : il étoit guidé par un jeune homme
à cheval représentant le génie de la France.

Sur le devant du char un jeune homme, assis sur des
trophées de guerre, représentoit le dieu Mars.

Le char représentoit d'une manière grande et ma-
jestueuse les emblêmes de la Victoire et de la Reconnoissance. Il étoit rempli de jeunes filles ornées de
rubans tricolors, et portant des boucliers sur lesquels
étoient inscrits les noms des Citadelles, des Villes,
des Provinces conquises. Ceux des Victoires d'Italie
et des héros qui les ont opérées étoient particulièrement distingués.

Parmi les Villes on voyoit : Dego, Millesimo, Ceva,
Coni, Lodi, Tortonne, Alexandrie, Valence, Pavie,
Pizzighiton, Parme, Plaisance, Milan.

Les batailles de Carcare, de Montenote.

La prise de la fameuse redoute de Montezemo.

Le passage célèbre du Po, de Ladda, rivalisant
celui du Wal et du Rhin.

Parmi les noms des héros de l'armée d'Italie, on remarquoit :

Buonaparte, Général en Chef.
Laharpe, } Lieutenans-généraux.
Stengel, }
Roidet, Adjudant - général.
Tout trois morts sur-le-champ de la Victoire.
Junot, } Aides-de-camp du Général en Chef, qui
Murat, } ont porté les drapeaux au corps Législatif.

La 21me. demi brigade, la 99me., la 39me., la 8me. demi brigade, et le 20me. régiment de Dragons.

La Victoire richement vêtue environnée et portant en main les attributs qui lui conviennent : c'est-à-dire une couronne de Laurier et de Palme étoit assise au sommet du char.

La Reconnoissance dans un costume simple, et dans l'attitude qui convient à cette vertu, étoit assise au côté gauche de la Victoire, lui offrant un groupes de cœurs, et une couronne de laurier qu'elle tenoit en main.

Les parens des défenseurs de la Patrie, de ce canton suivoient le char, ainsi que des Citoyens de tout âge et de tous sexe.

La marche étoit fermée par un détachement de Dragons.

Pendant que ce cortège majestueux dirigeoit sa marche à la place de la Liberté, toute le reste de la troupe de la garnison forte de 4000 hommes étoit rangée sous les armes, sur cette place : une salve de deux pièces de canons qui y étoient placées, y ont annoncé l'arrivée du cortège.

Un autel de la Patrie surmonté de la déesse de la liberté avec tous ses attributs, étoit dressé sur cette place, adossé à l'arbre de la Liberté qui l'ombrageoit de ces feuilles naissantes.

A droite de cet autel s'élevoit une pyramide, portant à l'extrèmité de son coue, cette inscription. A LA VICTOIRE : et sur laquelle étoient inscrits en gros caractère les noms des héros de la Victoire : elle en étoit couverts sur deux faces.

A gauche de l'autel s'élevoit une autre pyramide, consacrée A LA RECONNOISSANCE : et sur laquelle étoient inscrits les noms des défenseurs de la Patrie, de ce canton : elle en étoit également couverte sur deux faces,

Sur l'autel étoit posé le trépiés antique contenant le feu sacré.

Tous ceux qui figuroient sur le char et en cavalcades, en sont descendus pour venir se grouper sur les bases des pyramides et sur les marches de l'autel, qui étoient garnies de branches de chêne verdoyantes.

Tout le reste du cortège s'est rangé en demi cercle successifs devant l'autel.

La Victoire est venue se placer le bras gauche appuyé sur la base de la pyramide portant son inscription, et jettant avec satisfaction ses regards sur les noms dont elle étoit couverte.

La Reconnoissance s'est placée à l'autel dans l'attitude d'une sacrificatrice.

Au moment où elle a paru jetter l'encens dans le feu, le tambour a battu au champ et il s'est fait une salve d'artillerie. A ce moment le commissaire de la République, le Citoyen *Boutteville* ; le président de l'Administration de Département et celui de l'Administration municipale ont prononcé ensembles par acclamation :

Vive la République Française!
Gloire à ses Armées!

Et cette acclamation a été répétée par les soldats enfans de la Victoire, et par un peuple immense qui couvroit cette place, et les marches et le pérystile du Temple.

Et la musique et les fanfares guerrières en prolongeoient les sons.

Là, et sur l'estrade de l'autel, furent exécutées les dispositions de l'arrêté du Directoire du 20 Floréal relatif à cette fête : c'est-à-dire la proclamation des noms des héros des Victoires, et des défenseurs de la Patrie, du canton, morts ou blessés en combattans, ou qui se sont distingués par des actions de valeur.

(11)

Le Commissaire de la République, le Cit. *Bouteville*, auquel le Président de l'Administration de département en avoit déféré l'honneur, après un court discours, prononcé avec l'enthousiasme que lui inspiroit son cœur et l'objet des Victoires de la République et de la Reconnoissance nationale; qu'il a peint, l'un et l'autre avec autant d'éloquence que de vérité, a proclamé, à haute voix, les noms des douze armées de la République ; celui des batailles qu'elles ont gagnées ; des villes, des citadelles, des provinces, des états qu'elles ont conquises ; des héros qui ont contribués à ces victoires ; en un mot, les noms dont la pyramide des victoires étoit couverte.

Les acclamations répétées de *vive la République! gloire à ses armées!* couvroient la proclamation de ces noms : et les airs chéris des Républicains, exécutés par la musique guerrière, prolongeoient leurs transports.

Pendant ce tems l'on décoroit de couronnes de laurier les noms qui étoient inscrits sur la pyramide de la victoire, et la Victoire appuyée sur la base de cette pyramide contemploit avec délice l'hommage rendu à ses héros. Et la Reconnoissance rendoit un nouvel hommage à la Liberté en alimentant de nouveau le feu sacré qui brûloit devant la Déesse des Républicains.

La proclamation des noms des Citoyens de cette Commune, qui ont droit à la fête des Victoires et à la Reconnoissance nationale, étant morts au champ de la gloire, ou blessés en combattant, ou qui se sont distingués par des actions glorieuses, fut précédée par un discours improvisé laconique, mais plein de sensibilité, prononcé par le Président de l'Administration municipale : son sentiment l'a rendu à sa mémoire : il lui est bien agréable de pouvoir en transmettre l'expression : il le doit à ceux que la foiblesse de son organe n'a pas permis de l'entendre.

Le Voici.

C I T O Y E N S,

» Il est bien flatteur, il est bien glorieux à la Com-
» mune de Bruxelles, de pouvoir accoler aux noms
» des héros que vous venez d'entendre proclamer, ceux
» de ses concitoyens défenseurs de la liberté, morts

» ou blessés au champ de la gloire Républicaine, avant
» même que d'être Français, ou qui se sont distingués
» et se distinguent encore dans les phalanges des douze
» armées de la République.

» Vous allez les entendre proclamer ces noms chers
» à nos cœurs, à nos concitoyens, et sur-tout à ceux
» qui ont le bonheur d'en être les pères, mères, frères,
» sœurs, épouses, veuves ou parens, que nous ap-
» pellons tous à venir recevoir, par l'accolade frater-
» nelle, le témoignage public de la Reconnoissance
» nationale. «

Vive la République !
Gloire à ses Armées !

Le Secrétaire *Chateigner* a fait ensuite la proclamation des noms suivans, après laquelle les veuves,
pères, mères ou parens, ou les défenseurs eux-mêmes
présens, ont reçu du Président de l'Administration
municipale, et du Commissaire du gouvernement,
l'accolade fraternel et qui leur ont annoncé, au nom de
la République, qu'ils avoient ou que leurs époux, enfans ou parens ont mérité la Reconnoissance nationale.

Pendant ce tems l'on suspendoit à la pyramide de
la Reconnoissance à chacun des noms que l'on pro-
clamoit, les couronnes de chêne que portoient à la
main, avec leurs boucliers, les jeunes filles qui déco-
roient le char et qui les remettoient dans celles de la
Reconnoissance d'où elles étoient ensuite posées à la
pyramide.

Suivent ces noms qui sont également inscrits et con-
servés sur les Registres de cette Commune, confor-
mément à l'Arrêté du Directoire exécutif du 20 Floréal,
relatif à cette fête.

N O M S

D E S

DÉFENSEURS DE LA PATRIE,

Morts ou blessés au Champ de la Victoire, ou qui se sont distingués par des actions de valeur.

1 A Mand-Aimé De Boubers, âgé de 39 ans, Lieutenant-Colonel des Belges. Les blessures glorieuses qu'il avoit reçu, à l'affaire du 20 Septembre 1793, lui avoient mérité ce grade. Blessé de cinq coups de Sabre, tous mortels, à l'affaire de Bossu, le 3 Novembre suivant (vieux style). Il fut enlevé sur le champ de bataille par les Autrichiens, et conduit à Mons où il est mort glorieusement le 7 du même mois. Au moment que les Français entroient dans cette ville, les cris de la Victoire et de la Liberté ont honoré les derniers instans de ce défenseur de la liberté depuis l'année 1789.

2. Jean-Joseph Grégoire, Capitaine au 6me. Bataillon des Chasseurs Belges de Gemmappes, tué sous Maubeuge le 8 Mai 1793, (vieux style) couvert de 42 blessures. Les titres aussi multipliés que glorieux que possède sa veuve, de la part du gouvernement français, et la pension honorable dont elle est dotée, font le plus bel éloge de ce guerrier républicain.

3 Le Gros, Chef de Brigade au 2me. Régiment d'Infanterie Belges, fut fait prisonnier par les Autrichiens, le 17 Août 1793, (vieux style) à l'affaire de la forêt de Mormalle, qu'il défendoit.

Après avoir soutenu pendant sept heures avec quatre cent hommes, contre un nombre triple d'ennemis; couvert de blessures et ayant usé toutes ses munitions, il fut glorieusement vaincu ainsi que ses braves. Conduit au quatier général de Cobourg, l'autrichien le traitât en Belge. *Le Gros* lui répondit en homme libre. Menacé de la mort, il la dédaigna de la part de Cobourg : il ne demandat que la grace de ses soldats. L'Autrichien le fit inhumainement fusiller, le lendemain, dans Valenciennes. Il ne voulut point qu'on lui banda les yeux. Il dit : Vous commettrez une barbarie, mais la France triomphera, et vengera ma mort. Il a dit vrai : il avoit droit à la Reconnoissance nationale, et jusque dans ce jour il en reçoit le témoignage.

La Convention nationale a décrété que son nom seroit inscrit sur une des colonnes du Panthéon ; a doté sa veuve d'une pension, et déclaré ses enfans, enfans de la patrie.

Avec quelle émotion son aîné, arrivé tout récemment de Paris, a vu, en assistant à la pompe de ce jour, et en recevant le témoignage de la Reconnoissance nationale, combien la mémoire de son père, et des héros de la liberté est chère à ses Concitoyens.

4 *Papaert*, Capitaine au 3me. Bataillon des Tirailleurs. Parmi les Belges que la tyrannie et l'amour de la Liberté ont conduit sous les drapeaux français, ce Citoyen est particulièrement distingué par son courage et sa bravoure. Il fut blessé de plusieurs coups de sabres, sous les murs de Bruxelles, à la première entrée des Français. Estropié de ces blessures, il a constamment refusé sa retraite et sa pension, voulant servir jusqu'à la fin de la guerre. Il s'est distingué à l'affaire du mont Castier, près Tournay, l'an 2, où un boulet de canon lui emporta la cuisse. Ne voulant pas souffrir qu'on l'emportât, il mourut sur le champ de bataille, exhortant ses frères d'armes à soutenir avec courage la cause de la Liberté. „ Que l'on mette ma jambe dans le canon, disoit-il avant de mourir, et qu'elle reporte la mort à l'ennemi qui me l'a envoyée ". L'ami du Général *Jardon* ne pouvoit qu'être un brave.

5 *Guillaume Classens*, Sergent-Major au 2me. Régiment d'Infanterie Belge, tué sous Maubeuge, le 7 Octobre 1793, (vieux style).

6 *Joseph Flon*, Lieutenant au 3me. Bataillon des Tirailleurs, tué à l'affaire de Moucron, l'an 2.

7 *Joseph Lindemans*, âgé de 22 ans, Lieutenant au 2me. Régiment d'Infanterie Belges, tué sous Maubeuge, l'an 2.

8 *Jacobs-Mathias Reymaeckers*, premier Lieutenant des Canonniers, tué à l'affaire du Quesnoy, le 20 Octobre 1792, (vieux style).

9 *J. Ravenne*, Capitaine au 1er. Bataillon des Tirailleurs, mort d'une blessure à l'affaire de Moucron, l'an 2me.

10 *Antoine-Gabriel Paradis*, Capitaine, commandant les Grenadiers du Bataillon de la Commune, tué au blocus de Landrecie.

11 *Adrien-Augustin Defleurs*, Capitaine dans la Légion Belge, tué au Pont-Rouge, sous Lille, première année.

12 *Emmanuel Dinne*, âgé de 28 ans, Chef du 2me. Bataillon des Tirailleurs, tué à une sortie d'Angers, il y a trois mois. La République a perdu un courageux défenseur, un officier intelligeant ; ses amis le regretteront long-tems. Il étoit aussi bon écrivain que brave soldat : sa plume a toujours tracé les traits de la Liberté : les mémoires de Vander Meersch, qu'il a rédigés, en sont une preuve.

13 *Pierre La Mine*, Capitaine au 2me. Bataillon des Tirailleurs, tué à Quibéron.

14 *Louis-Joseph Heymans*, de la Légion du Nord, mort à la suite de ses blessures à l'affaire de Quibéron.

15 *Charles-Joseph Paradis*, Lieutenant des Hussards de la Liberté, tué à l'affaire de Saumur.

16 *Jérôme-Joseph Dehault*, premier-Lieutenant au 5me. Bataillon des Tirailleurs, tué à l'affaire de Tournay, le 3 Prairial, l'an 2me.

17 *Théodore Deangelis*, Capitaine au 4me. Bataillon des Tirailleurs, mort des fatigues de la guerre.

18 *Pierre Goossens*, Capitaine au 9me. Régiment d'Artillerie, mort tout récemment en cette commune des fatigues de la guerre, au moment où on lui apportoit son brevet d'officier dans la Gendarmerie nationale de ce département.

19 *J. Bapt. Colette*, Lieutenant au 1er. Bataillon des Tirailleurs, tué dans l'affaire du pont de Waloin, près Malines, l'an 2me.

20 *Nicolas - Joseph Dehault* père, âgé de 46 ans, Quartier-maître au 2me. Bataillon des Chasseurs, mort au service, des suites des fatigues de la guerre : père de *Joseph Dehault*, et parent d'une famille de défenseurs de la Patrie.

<hr>

A la suite de ces martyrs de la Liberté, que la brièveté du tems a pu permettre de recueillir, on lisoit les noms de plusieurs Citoyens de cette commune, dont elle s'honore des actions glorieuses, et dont la plupart sont actuellement encore au service de la République ; ceux dont le tems a permis la recherche sont :

1 *Jean - Baptiste Dumonceau*, Général de Brigade de l'armée du Nord, aujourd'hui Lieutenant-Général de l'armée Batave, a coopéré à diverses conquêtes, et nommément à celle de la Hollande. Sa bravoure, son intelligence et ses vertus sociales, l'ont toujours rendu cher et utlie à sa patrie.

Chargé de la défense du poste du village de Mouveaux, lors de la retraite du traître *Dumouriez*, *Dumonceau* l'a fortifié de manière à y soutenir, pendant neuf mois avec 1600 hommes, les attaques réitérées d'un corps de 6,000 ennemis.

Par la plus savante et la mieux combinée des manœuvres, il a enveloppé l'avant-garde de l'armée Hollandaise, de 450 hommes, dans le bourg de Turcoing, fit 400 prisonniers, prit leurs drapeaux, bagages et artillerie ; ce qui ajoute à ce trait, c'est qu'il a eu lieu dix à quinze jours après la retraite, lorsque l'armée étoit totalement désorganisée ; alors il s'est renfermé dans Mouveaux et a rendu impuissans tous les efforts des ennemis sur la ligne de Lille. Il a approvisionné cette division pendant tout le tems qu'il y est resté ; et malgré une maladie qui l'a mis aux portes du tombeau, il n'a cessé de rester à son poste.

2 *Jean-Baptiste Cumele*, Général de Brigade de l'armée de l'intérieur, s'est distingué au siège de Valenciennes et à l'armée des Alpes, où il a mérité son grade et la confiance du Gouvernement républicain.

3 *André Deneck*, Chef de Brigade au 5me. Régiment de Hussards, armée du Nord ; cet ami de la Liberté s'est toujours distingué par ses actions de valeur ; il est un des premiers qui s'est engagé sous ses étendarts.

4 *Jacques Albert*, âgé de 22 ans, Volontaire dans la 48me. demi-brigade, au service de la République, depuis la première entrée victorieuse de ses troupes dans ce pays ; 14 cicatrices de coups de feu attestent l'héroïsme et la valeur Républicaine qu'il a déployé dans l'affaire du 12 Pluviôse, an 3, près St.-Léger, contre les rebelles chouans, où laissé pour mort sur la place et dépouillé, ce ne fut qu'après plus de deux heures qu'il reprit connoissance, au cri de Victoire de ses camarades, qui avoient repoussé l'ennemi. Le 10 Germinal dernier, ce citoyen a reçu des mains du président de l'Administration Municipale de cette commune, un premier témoignage de la reconnoissance nationale, par le don d'un sabre richement monté. Présent à cette cérémonie, le nouveau témoignage qu'il vient de recevoir ne lui est pas moins flatteur.

5 *Philippe Ergo*, Capitaine au 1er. Bataillon des Chasseurs de Gand, couvert de blessures. Digne émule des précédens, il fait la consolation de sa mère, et justifie l'estime de ses concitoyens.

6 *Jean-Baptiste Van der Wallen*, âgé de 26 ans, Capitaine au 2me. Bataillon des Tirailleurs, armée des Côtes de Brest, s'est distingué à Bréda et à Quibéron. Sa bravoure fait la joie d'une mère et de parens respectables.

B

7 *Josse-Joseph Emmerechts*, Capitaine au 3me. Bataillon des Tirailleurs, s'est distingué à Moucron et à Maubeuge.

8 *Louis Crabé*, Lieutenant au 5me. Régiment de Hussards, armée du Nord, s'est distingué au déblocus de Maubeuge.

9 *François Deglain*, âgé de 27 ans, Lieutenant au 17me. Régiment des Chasseurs à cheval, présentement Commandant la Garde Municipale ; s'est distingué dans toutes les affaires où il s'est trouvé, l'an 2me.

10 *Pierre Le Jeune*, fait Caporal à l'âge de 16 ans, pour ses actions de valeur, à l'affaire de Lanoix, où il a été blessé après avoir tué trois vedettes.

11 *Etienne-Aug. Demeurs*, âgé de 44 ans, Capitaine de Cavalerie legère de l'armée de l'Ouest, couvert de huit cicatrices glorieuses, qui lui ont mérité sa retraite et des titres honorables de la part de ses chefs.

12 *Jean-Joseph Cornellis*, âgé de 22 ans, Maréchal-de-Logis au 17me. Régiment des Chasseurs ; s'est distingué dans toutes les affaires de l'an 2me., à l'armée du Nord : aujourd'hui au 5me. Régiment de Hussards.

13 *Robette*, Capitaine Quartier-Maître au 2me. Bataillon des Tirailleurs, actuellement à la Vendée, a été blessé à différentes affaires, et s'est toujours très-bien distingué.

14 *Jean-Baptiste Van Horick*, Sergent-Major au 1er. Bataillon des Tirailleurs, s'est distingué au blocus de Maubeuge, et autres affaires.

15 *Guilleaume Ferard*, Caporal dans le 4me. Bataillon Belge, s'est distingué au siège de Nimegue, où il a reçu deux coups de feu.

16 *Nicolas Pierre*, Brigadier dans le 18me. des Chasseurs à cheval, s'est distingué à la prise des lignes de Wissembourg, où il a été blessé.

17 *Michel Ghiesbrecht*, Lieutenant-Colonel du Génie, âgé de 55 ans, a conduit les travaux au blocus de Valenciennes l'an 2 ; a dirigé les fortifications et les travaux de Landrecie avant et pendant le siége. Aujourd'hui Professeur de Mathématique à l'Académie d'Architecture, Peinture et Sculpture, établie en cette Maison Commune.

18 *Jean George Julien Laute*, Lieutenant de Génie, âgé de 22 ans. S'est distingué à l'affaire du 23 Mai 1793, (vieux stile) sous les murs de Valenciennes, et au blocus, et au siége de cette ville par les coalisés. S'est trouvé avec honneur dans les affaires de la Flandre et de Maubeuge. A passé ensuite à l'armée des Pyrennés où il a conduit les travaux de la tranchée de la ville de Rosa : s'est bien montré dans les affaires des 27 et 30 Vendémiaire an 3, à ladite armée.

19 *Paul Raes*, Lieutenant de Génie, a été le compagnon de valeur du précédent.

20 *Charles Gaine*, Lieutenant du Génie, âgé de 19 ans, s'est distingué au siège de Valenciennes et à l'armée des Pyrennées.

21 *Pisco*, âgé de 34 ans, a servi dans l'armée du Nord en qualité de Lieutenant du Génie : actuellement à l'armée d'Italie. Ce nom rappelle celui de son oncle, Lieutenant-Général du Génie Belge, persécuté pour la liberté de son pays.

22 *Josse Weverbergh*, Capitaine au 4me. Bataillon des Tirailleurs, blessé au siège de Menin, l'an 2, et à la jambe gauche au siège de Nimègue.

23 *Génevois*, Sergent au 3me. Bataillon des Tirailleurs, blessé au siège de Grave, l'an 3.

24 *Etienne-Joseph Déhault*, Sergent à la 14me. demi-Brigade Infanterie Légère.

25 *Martin Emmerechts*, âgé de 24 ans, au 5me. Bataillon des Tirailleurs, fait prisonnier par les Anglois à l'affaire de Tournay, y a resté 17 mois.

26 *Jean-François Cornelis*, Lieutenant au 17me. Régiment des Chasseurs, aujourd'hui Brigadier de la Gendarmerie Nationale.

27 *Herewegh*, Sergent - Major au 3me. Bataillon des Tirailleurs, s'est distingué dans plusieurs affaires, et sur-tout à Maubeuge.

28 *Louis Matis*, âgé de 22 ans, Lieutenant des Carabiniers au 3me. Bataillon, blessé le 10 Pluviôse, an 2me., au passage de l'Yssel, et pensionné.

29 *Charles - Joseph Dehault*, Lieutenant à la 14me. demi-Brigade Infanterie Légère.

30 *Josse Van Halewyck*, 1er. Lieutenant au 9me. Régiment d'Artillerie, couvert de blessures, a fait les sièges d'Ipres, Nieuport et l'Ecluse.

31 *Pierre Vangeem*, Lieutenant au 2me. Régiment des Tirailleurs, armée des Cottes de Brest, s'est distingué à Quibéron.

32 *Joseph Vlaminck*, Capitaine au 9me. Régiment d'Artillerie.

33 *J. Gilliard*, volontaire au 4me. Bataillon des Tirailleurs.

La proclamation de ces noms, a été couverte des acclamations répétées de *Vive la République! Gloire à ses Armées et aux défenseurs de la Patrie!* et la musique guerrière exécutant les chants chéris des Républicains, soutenoit dans les airs, le bruit de ces acclamations.

Le Commissaire du Gouvernement, le citoyen *Boutteville*, a voulu aussi donner, au nom de la République Française, aux défenseurs de la patrie de cette Commune, et à leurs parens un témoignage de la reconnoissance Nationale, par un petit discours, plein de sentimens, qui a renouvellé les acclamations.

La disposition du tems n'ayant pas permis de proclamer les noms des quatre - vingt - dix soldats de la Victoire, de tous grades, de la 48me. demi brigade, de l'armée du Nord, en garnison dans cette Commune, qui tous portent des cicatrices glorieuses, l'Administration municipale ne voulant pas les priver du témoignage qui leur est dû de la reconnoissance Nationale, a résolu que leurs noms seront consignés dans ce procès-verbal, et qu'un exemplaire en seroit délivré à chacun d'eux, ainsi qu'aux parens des défenseurs de la Patrie de cette Commune.

N O M S

Des citoyens soldats de tous grades de la 48me. demi-brigade, de l'armée du Nord, en garnison à Bruxelles, blessés dans différentes affaires.

S A V O I R :

Arnaud, chef de brigade.
Magnier, sergent - major des grenadiers.
Montsuit, grenadier.
Bernier, idem.
Chabert, caporal des grenad.
Bera, grenadier.
Prevost, idem.
Lombart, caporal des grenad.
Deschamps, grenadier.
Debarbier, idem.
Monvilles, idem.
Voisin, idem.
Payeant, idem.
Grégoire, caporal.
Thery, grenadier.
Tabary, idem.
Germain, sergent.
Bronet, idem.
Darville, fourier.
Grignard, caporal.
Lamart, idem.
Lorser, fusilier.
Cornille, idem.
Vassy, idem.
Aubert, capitaine.
Godefroy, idem.
Dangoisse, volontaire.
Desmulières, idem.
Prudhomme, idem.
Ruttié, idem.
Seronge, idem.
Fouquet, sergent.
Glaise, idem.
Ramonet, idem.
Hondalle, caporal.

Pinot, volontaire.
Albert, idem.
Cinnel, idem.
Germain, idem.
Collé, idem.
Jeanquain, caporal.
Braconnier, idem.
Hassard, volontaire.
Dubois, idem.
Poulet, idem.
Letief, idem.
Lesage, idem.
Lemoine, idem.
Favrey, idem.
Hanneton, idem.
Lefranc, idem.
Meresman, idem.
Matelaix, idem.
Castehoble, idem.
Leroy, idem.
Guilmi, idem.
Descarton, idem.
Grend, idem.
Claisseau, sergent.
Lelhat, caporal.
Godillon, idem.
Dufresne, volontaire.
Grieux, idem.
Lenormand, idem.
Leprince, idem.
Hulot, idem.
Thierry, idem.
Mousse, fusilier.
Davesnes, idem.
Tronde, idem.
Morel, sergent.

Delmotte, sergent.	*Masquelet*, idem.
Ray, caporal.	*Lecomte*, idem.
Lerebony, idem.	*Dumoutier*, idem.
Lezy, volontaire.	*Bouquillon*, idem.
Dagnaud, idem.	*Duchain*, idem.
Denise, idem.	*Duhem*, caporal.
Reims, idem.	*Hubert*, volontaire.
Lahousse, idem.	*Mahent*, idem.
Triboulet, idem.	*Bellejambe*, appointé.
Nodin, idem.	*Druh*, capitaine.

Après cette cérémonie touchante, passée sur la place de la Liberté, le cortège entra dans le Temple, au son d'une musique armonieuse, qui remplissoit un orchestre spacieux qui avoit été dressé exprès dans une des croisées du Temple.

Le cortège s'est rangé dans l'enfoncement du Temple, tandis que les jeunes filles et enfans qui avoient décorés le char, se groupoient autour de l'autel de la Liberté.

Les boucliers sur lesquels étoient inscrits et les combats et les Victoires des armées ; les noms des places conquises, ceux des Généraux, des soldats et ceux des défenseurs de la Patrie, de cette Commune, furent suspendus aux colonnes qui entourent l'autel comme des trophées glorieux : le Temple a été, par cette cérémonie, consacré le Panthéon de cette Commune.

Le citoyen *Chompré*, Substitut commissaire du Directoire exécutif, près le tribunal criminel de ce Département, célébra dans un premier discours la gloire des troupes Républicaines.

Réal, (le nom de cet orateur suffit pour le faire connoître.) *Réal* lui succéda, jamais panégyrique d'armée Victorieuse ne fut prononcé avec plus de force. L'ame de *Réal* toute entière passa dans l'ame de ses auditeurs. Des acclamations cent fois répétées ont interrompu son discours, et les cris *vive la République! Vive ses armées!* ont prouvé que l'immense auditoire pensoit comme lui, que les Victoires des armées ont assuré le salut de la République. En célébrant les Victoires des douze armées de la République. l'orateur s'est sur-tout attaché à rendre hommage à la bravoure de cette valeureuse armée du Nord, dont les conquêtes nous ont été les plus précieuses et qui donna la liberté , et à la Belgique et à la Hollande. On a sur-tout saisi avec enthousiasme le parallèle du passage du Wal et du Rhin , avec celui du Po et du Ladda.

Réal est descendu de la tribune au milieu des applaudissemens long-tems prolongés , et de la demande de l'impression de son discours.

Alors un nouveau spectacle, plus touchant encore, s'est offert. Un capitaine du 16me. régiment de dragons, (*Allain*, de Mayenne et Loire) est monté à la tribune, suivi de plusieurs dragons, dont deux portoient des guidons criblés de balles, au haut desquels étoient ces deux inscriptions.

La Première.

Parmi les Vendéens, il porta la terreur,
Et nous mena toujours au chemin de l'honneur.

La Deuxième.

Après avoir guidé dans de nombreux exploits,
Il rentre triomphant dans le Temple des Loix.

Ces vers sont du citoyen *Allain*.

Cette scène, à laquelle personne ne s'attendoit, produisit la plus vive émotion.

Le capitaine *Allain* prononça d'abondance de cœur, et avec une sensibilité touchante, un petit discours qui honore trop ce Républicain et le corps au nom duquel il l'a fait, ainsi que l'hommage de ses guidons à cette Commune, pour ne pas être consigné ici. En voici la substance.

„ Citoyens! la fête des Victoires célèbres , qui nous réunit tous dans ce Temple , est pour nous défenseurs de la Liberté, une jouissance bien pure et bien satisfaisante ; les lauriers d'Italie que nos frères d'armes viennent de cueillir sur les montagnes escarpées des Alpes, sont sans doute pour eux la plus belle récompense de leurs glorieux travaux, et nous, vainqueurs du Nord , le présage le plus heureux des nouvelles conquêtes que nous avons lieu d'espérer. „

„ Je profite, Citoyens, au nom du 16me. Régiment de Dragons, de cette fête mémorable pour présenter à la Commune de Bruxelles l'hommage de ces deux *guidons*, supprimés par notre dernière formation. „

„ Nous vous invitons, Citoyens, à les conserver parmi vous dans le sanctuaire des Loix, comme un gage sacré de l'amitié et de la fraternité, qui ne cessera jamais d'exister entre notre Régiment et les Citoyens vertueux de votre commune. „

„ Ces étendarts triomphans nous sont bien chers, et encore plus précieux; ils ont, jusqu'à présent, flotté dans nos rangs, et guidés aux chemins de l'honneur dans les plaines sanglantes de la Vendée, nos braves camarades de la Sarthe et de l'Isle et Vilaine. „

„ Après des périls immences et de grands combats livrés à l'hydre du fanatisme, ces braves et jeunes guerriers, réunis aux héros de Mayence et de la légion du Nord, vinrent se ranger parmi nous, mélèrent leurs lauriers aux nôtres, et augmentèrent nos phalanges formidables de ces deux guidons victorieux que nous vous présentons, ornés de notre dévouement pour la Patrie et la Constitution républicaine „.

Vu la foiblesse de son organe, le président de l'Administration Municipale ayant chargé le Secrétaire de répondre en son nom et en celui de la Commune, l'un et l'autre étant à la tribune, celui-ci a dit :

„ Soldats Républicains du 16me. régiment de Dragons. Organe de la Commune de Bruxelles et de son président, qui a craint que son expression ne fut pas aussi entendue que l'a été l'hommage que vous venez de faire de vos guidons, je suis chargé de vous dire : que le témoignage de reconnoissance que vous venez de donner à la Commune de Bruxelles, par l'hommage de deux guidons qui attestent votre gloire, est encore un de ces traits qui caractérisent le soldat Français : c'est un gage bien digne du corps qui en fait le don, et bien précieux pour la Commune de Bruxelles, qui l'accepte avec reconnoissance, pour être déposé sous ces voutes. „

„ Quel spectacle, Citoyens, pour les amis de la République, de voir flotter dans ce Temple les débris glorieux des étendarts qui ont fait la terreur de la coalision. »

» Approchez brave Capitaine, venez recevoir, pour vous et pour votre régiment, du président de l'Administration municipale, l'accolade fraternelle au nom de la Commune, pour témoignage de sa reconnoissance, qui l'est également de la reconnoissance Nationale. »

Le capitaine *Allain* a reçu avec transport, et au milieu des acclamations déja mille fois répétées, *vive la République! gloire à ses armées!* le témoignage pour lequel il étoit appellé, et qui lui a été doublé, au nom de la République, par le commissaire *Boutteville,* qui l'a fait précéder d'un petit discours plein de l'enthousiasme qu'inspiroit une telle circonstance.

Les guidons ont été ensuite conduits par le président et posés provisoirement sur l'autel du Temple.

Ce sentiment de reconnoissance a été doublement exprimé par l'inscription suivante, posée sur le devant de l'autel de la place de la Liberté.

» *La Commune de Bruxelles reconnoissante, envers le 16me. Régiment de Dragons, pour l'hommage de ses Guidons Victorieux.* »

Dans l'un des intervales, les artistes du théâtre de Bruxelles et la musique ont exécuté à grands orchestre, les Hymnes Patriotiques et le chant sublime à la Victoire.

Il étoit plus de deux heures lorsque le cortège est sorti du Temple, pour reprendre sa marche, en retour à la Maison Commune, par la rue de la Liberté longeant le Parc, sous le feu roulant de la troupe, rangée dans toute l'étendue de cette rue. Ce feu nourri étoit soutenu de celui de l'artillerie de pièces de huit, distribuées dans les environs du Parc, qui portoient dans les airs le bruit tonnant de la Victoire, prolongé au loin par les échos, et par les acclamations d'un peuple immense, qui garnissoit le Parc et formoit une double haye, opposée à celle des bataillons vomissant, et la flamme et la fumée du salpêtre.

Le cortège a suspendu sa marche, vers la place de Louvain, jusqu'à ce que la troupe fut en état de la reprendre.

Elle a été continuée par le Treurenberg, la plaine de Ste.-Gudule, la rue des Citoyens, ci-devant des Parois-

siens, le Marché au Bois, la Putterie, le Marché aux
Herbes, la rue de la Coline, la place du Peuple,
où le cortège a fait le tour de l'Arbre Chéri, qui, contre
le vœu et l'espoir de l'aristocratie, a pris racine et om-
brage déja de ses feuilles verdoyantes les amis de la
liberté.

Il étoit près de trois heures lorsque, parvenu dans
la cour de la Maison Commune, le cortège s'est séparé,
pour aller se livrer, dans des repas civiques, aux transports qu'inspiroit un si beau jour, et revenir les perpétuer le soir, sur la place du Peuple, dans les divertissemens qui y auroient lieu.

En effet, dès quatre heures, des orchestres dressés sur
la place de la Maison Commune, dite place du Peuple,
ont offert des divertissemens et des danses, au peuple
et aux militaires qui s'y sont rendus en foule pour
danser autour de l'Arbre de la Liberté. Plusieurs Membres des Autorités constituées ont animé ces divertissemens par leur présence.

Des rafraîchissemens ont été donnés : l'ordre, la so-
brieté et la décense ont également regné dans leur
usage et dans la distribution.

Cette joye publique ne s'est terminée sur les places,
que pour se perpétuer dans des banquets civiques,
des divertissemens de sociétés particulières ; qui ont
prolongé les transports qu'avoit fait naître cette belle
journée consacrées aux *Victoires* et à la *Reconnoissance*, et qui n'a été ternie par rien qui ait pu distraire
de son objet.

*Vive la République ! Gloire et Reconnoissance à
ses armées Victorieuses !*

Dressé par moi soussigné Secrétaire ordinaire des
séances de l'Administration municipale du Canton de
Bruxelles, et par ses ordres.

Ce 13 Prairial, an 4me. de la République Française.

J. CHATEIGNER.

L'Assemblée de l'Administration municipale, après
avoir entendu la lecture du Procès-Verbal qui précède,
l'adopte, et en arrête l'impression, et l'envoi au Mi-
nistre de l'intérieur, aux Autorités constituées du

Canton, Civiles et Militaires; aux Chefs du 16me.
Régiment de Dragons, aux Soldats de la 48me. demi-
Brigade, mentionnés au présent Procès-Verbal, ainsi
qu'aux Défenseurs de la Patrie de ce Canton, ou à
leurs parens.

*Fait en Séance, le 14 Prairial, an 4 de la Républi-
que française, une et indivisible.*

Les Membres composant l'Administration
Municipale du Canton de Bruxelles.

Signé FOURMAUX, *Prés.*; CUVELIER, DELAFONTAINE,
HERMANS, COELHO, DELFOSSE, OLERECHTS,
ANNEMANS, LEROUX, *Officiers municipaux*;
ROUPPE, *Commissaire du Directoire exécutif*;
J. C. TORFS, *Secrétaire-Général*, J. CHA-
TEIGNER, *Secrétaire*.

Les Membres composant l'Administration
Départementale de la Dyle.

Signé JAC. JOS. CHAPEL, *Président*; J. DEBERIOT,
F. E. BATTAILLE, DURONDEAU, J. TORFS,
Administrateurs; LAMBRECHTS, *Commissaire
du Pouvoir exécutif*, et DELECROIX, *Secrét.*

9 782019 145910